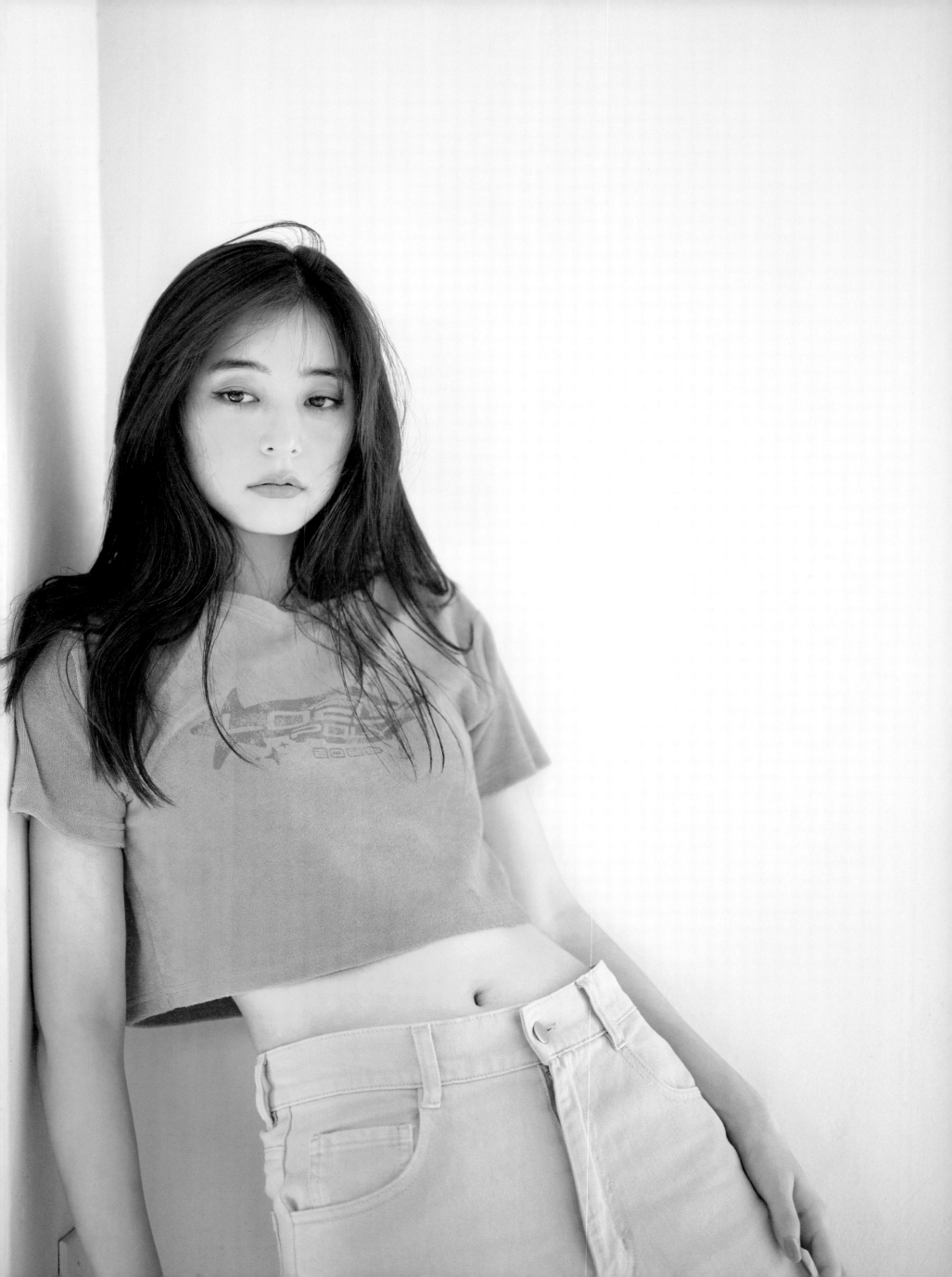

親愛なる 大好きな みなさまへ♡
20代は 本当に 沢山のお仕事をさせて頂き
色んな 私の姿を見て頂けたなと♡
時にはドクター、時には お嬢様、
時には モトカレマニア、時には nonno モデル。
どの役も、お仕事も 私にとってすごく 大切で
大好きな 想い出に
ファンの 皆様がしてくれました。
本当に たーくさんの 応援を、
"ありがとう ございました!!"
私1人では、絶対に こんなにも
頑張れなかったです。絶対。
応援して下さる、大好きな皆様に
少しでも、元気や 笑顔、やる気、エネルギー!を 届けられるように。
そんな存在で いられるように
お仕事 頑張ります!
30代も 応援 よろしくお願いします!
心から
愛してる♡
新木 優子♥